Impressum
Verlag: BABADADA GmbH, Nedderfeld 112 , 22529 Hamburg
Geschäftsführer / Verlagsleitung: Harald Hof
Druck: Books on Demand GmbH, In de Tarpen 42, 22848 Norderstedt

Imprint
Publisher: BABADADA GmbH, Nedderfeld 112 , 22529 Hamburg, Germany
Managing Director / Publishing direction: Harald Hof
Print: Books on Demand GmbH, In de Tarpen 42, 22848 Norderstedt

school

ቤት-ትምህርቲ

classroom
ክፍሊ ክላስ

divide
መቀለ

186/2

board
ሰሌዳ

school yard
ቀጽሪ ቤት-ትምህርቲ

teacher
መምህር

paper
ወረቐት

write
ጸሓፈ

pen
መጽሓፊ

desk
ጣውላ ምጽሓፍ

ruler
መስመር

book
መጽሓፍ

pupil
ተመሃራይ

satchel

ሳንጣ ትምህርቲ

pencil case

ሰፈር ብርዒ

pencil

ርሳስ

pencil sharpener

መብልሒ ርሳስ

rubber

መደምሰሲ

drawing pad

ጥራዝ ስእሊ

drawing

ስእሊ

paintbrush

ብርዒ ቀለም

paint box

ቦክስ ቀለም

scissors

መቐስ

glue

መጣበቒ

exercise book

ጥራዝ መላመዲ

homework

ዕዮ ገዛ

number

ቁጽሪ

2+2

add

ወሰኸ

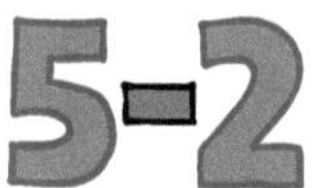

subtract

ጎደለ

multiply

ረብሐ

calculate

ደመረ

letter

ፊደል

alphabet

ስርዓት ፊደላት

word

ቃል

text

ጽሑፍ

read

ኣንበበ

chalk

ኩርሽ

lesson

ሰዓት

register

መዝገብ ክላስ

examination

መርመራ

certificate

ሰርቲፊከት

school uniform

ድቢዛ ቤትትምህርቲ

education

ትምህርቲ

encyclopedia

ለክሲኮን

university

ዩኒቨርሲቲ

microscope

ሚክሮስኮፕ

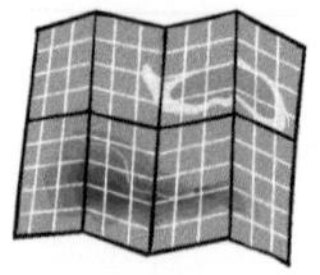

map

ካርታ

waste-paper basket

ጎሓፍ ወረቐት

travel

መገሻ

hotel
መቐበሊ ኣጋይሽ

hostel
ሆስተል

currency exchange office
ቦታ ቅያር ገንዘብ

car
መኪና

language
ቋንቋ

yes / no
እወ / ኖ

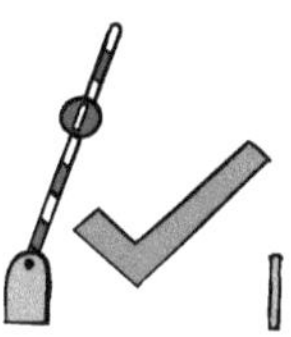

Okay
ሕራይ

hello
ሰላም

translator
ኣስተርጓሚ

Thank you
የቐንየለይ

how much is...?

. . . ክንደይ ዋግኡ?

I don´t get it

ኣይተረድኣኹን

problem

ሽግር

Good evening!

ሰላም ምሸት!

Good morning!

ከመይ ሓዲርካ

Good night!

ሰላም ለይቲ

goodbye

ደሓን ኩን

direction

ኣንፈት

luggage

ጉዓዝ

bag

ሳንጣ

backpack

ሳንጣ ሕቖ

guest

ጋሻ

room

ክፍሊ

sleeping bag

ክሻ መደቀሲ

tent

ቴንዳ

tourist information

....

ሓበሬታ በጻሕቲ ሃገር

beach

....

ገምገም ባሕሪ

credit card

....

ክረዲት ካርድ

breakfast

....

ቁርሲ

lunch

....

ምሳሕ

dinner

....

ድራር

Ticket

....

ቲከት

elevator

....

ሊፍት

stamp

....

ማሕተም ደብዳበ

border

....

ዶብ

customs

....

ድጓና

embassy

....

ኣምበሲ

visa

....

ቪዛ

passport

....

ፓስፖርት

transport

መጎዓዝያ

airplane
ነፋሪት

ship
መርከብ

fire truck
መኪና መጥፍኢ ሓዊ

truck
ናይ ጽዕነት መኪና

bus
ኣውቶቡስ

motorboat
ጀልባ ሞቶር

car
መኪና

bike
ብሽግለታ

ferry
ፈሪ

boat
ጀልባ

motorbike
ሞቶ

police car
መኪና ፖሊስ

racing car
መኪና ቅድድም

rental car
ክራይ መኪና

car sharing

ምውፋይ መካይን

tow truck

መወሰዲ መኪና

garbage truck

መኪና ጎሓፍ

engine

ሞቶር

fuel

ነዳዲ

fuel station

እንዳ ነዳዲ

traffic sign

ምልክት ትራፊክ

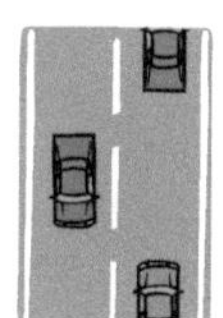

traffic

ትራፊክ

traffic jam

ምጭቕጫቕ ትራፊክ

parking lot

መዕሸጊ መኪና

train station

መዕረፊ ባቡር

tracks

ሓዲግ

train

ባቡር

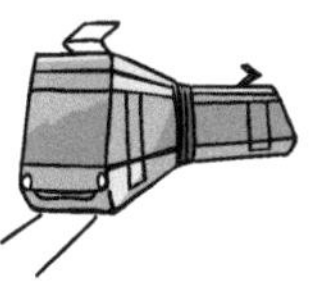

tram

ትረም

wagon

ባጎኒ

helicopter

ሄሊኮፕተር

airport

መዓረፎ ነፈርቲ

tower

ታወር

passenger

ተጐዓዚ

container

ኮንተይነር

carton

ሳንዱቕ ካርቶን

cart

ኮርሳ ጽዕነት

basket

ዘንቢል

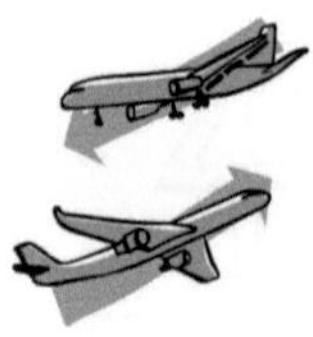

take off / land

ተበገሰ / ዓለበ

city

ከተማ

village

ቍሸት

city center

ማእከል ከተማ

house

ገዛ

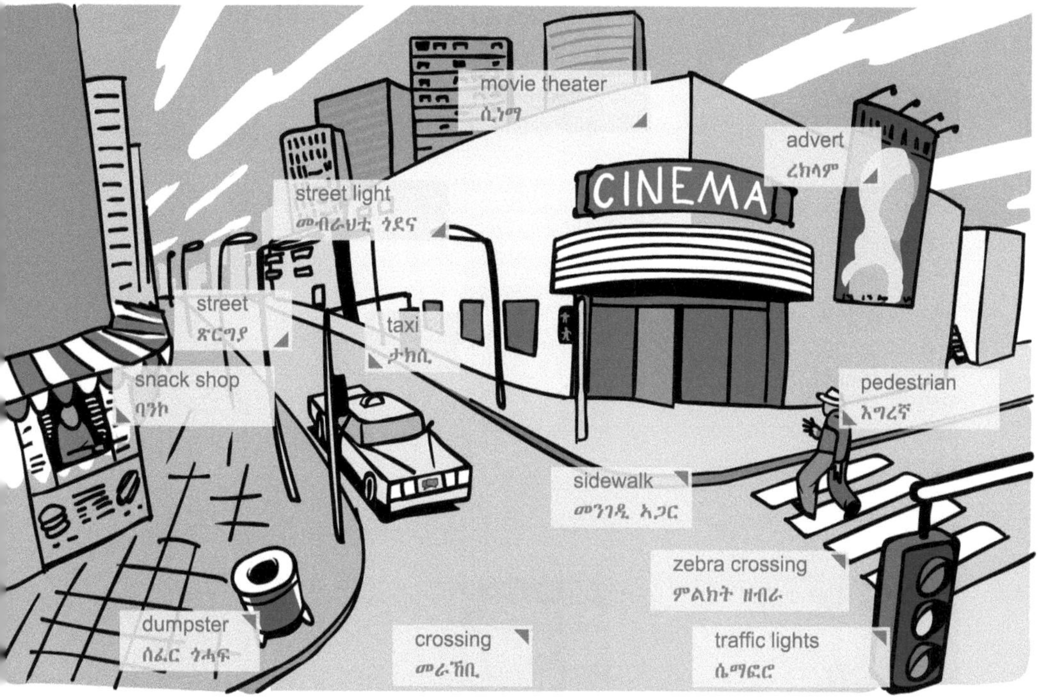

movie theater
ሲኒማ

advert
ረክላም

street light
መብራህቲ ጎደና

street
ጽርግያ

taxi
ታክሲ

snack shop
ባንኮ

pedestrian
እግረኛ

sidewalk
መንገዲ ኣጋር

zebra crossing
ምልክት ዘብራ

dumpster
ሰፈር ጎሓፍ

crossing
መራኽቢ

traffic lights
ሴማፎሮ

hut

ኣጐዶ

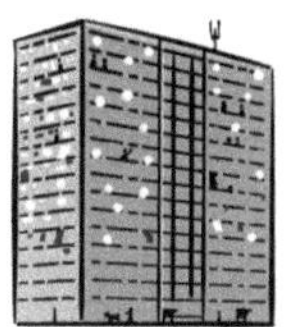

apartment

ኣፓርትመንት

train station

መዕረፊ ባቡር

city hall

ቤት ምምሕዳር

museum

ቤተ መዘክር

school

ቤት-ትምህርቲ

university

ዩኒቨርሲቲ

bank

ባንክ

hospital

ሆስፒታል

hotel

መቐበሊ ኣጋይሽ

pharmacy

ቤት መድሃኒት

office

ቤት ጽሕፈት

book shop

ዱኳን መጽሓፍቲ

shop

ዱኳን

flower shop

ዱኳን ዕንባባ

supermarket

ሱፐርማርክት

market

ዕዳጋ

department store

ሹቕ

fishmonger's shop

ነጋዳይ ዓሳ

mall

ሹቕ

harbor

መርሳ

park

መዘናግዒ

bench

ባንኪ

bridge

ድልድል

stairs

መደያይቦ

subway

ባቡር ትሕቲ ምድሪ

tunnel

ቢንቶ

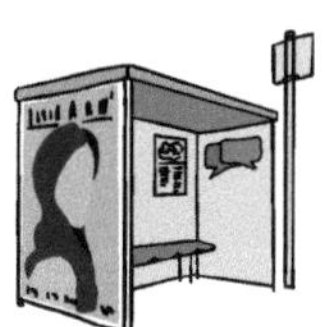

bus stop

መዕረፊ ኣውቶቡስ

bar

ቤት መስተ

restaurant

ቤት-መግቢ

postbox

ሰታሪት

street sign

ታቤላ

parking meter

ሰዓት ፓርኪንግ

zoo

መካነ እንስሳታት

swimming pool

መሓምበሲ

mosque

መስጊድ

farm

ቤት ሕርሻ

pollution

ብከላ

cemetery

መቓብር

church

ቤተክርስትያን

playground

ቦታ ምጽዋት

temple

ቤት መቕደስ

landscape

ስእሊ መሬት

signpost
መሕበሪ መገዲ

path
መገዲ

meadow
ሸኻ

stone
እምኒ

hiker
ኮብላሊ

tree
ኣግራብ

river
ፈለግ

grass
ሰዓሪ

flower
ዕንባባ

valley

ስንጭሮ

hill

ጎቦ

lake

ቀላይ

forest

ዱር

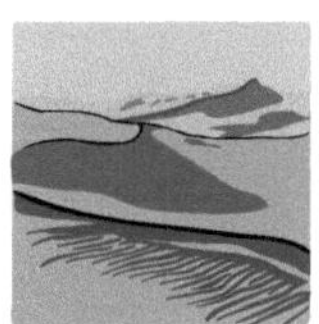

desert

ምድረ በዳ

volcano

እሳተ-ጎመራ

castle

ግምቢ

rainbow

ቀስተ-ደመና

mushroom

ቃንጥሻ

palm tree

ዓርኮብኮባይ

mosquito

ጣንጡ

fly

ሃመማ

ant

ጻጸ

bee

ንህቢ

spider

ሳሬት

beetle

....

ሕንዚዝ

frog

....

ዕንቅርዖብ

squirrel

....

ምጽጹላይ

hedgehog

....

ቅንፍዝ

hare

....

ማንቲለ

owl

....

ጉንጓ

bird

....

ጭሩ

swan

....

ስዋን

boar

....

መፍለስ

deer

....

ዓጋዘን

moose

....

ሙስ

dam

....

ግድብ

wind turbine

....

ተርባይን ንፋስ

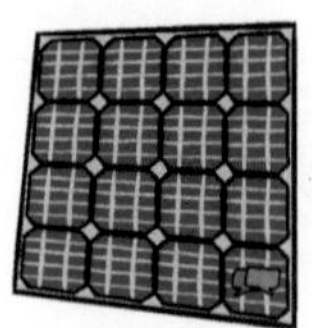

solar panel

....

ሶላር ስርሓት

climate

....

ኩነታት ኣየር

restaurant

ቤት-መግቢ

waiter
ኣሰላፊ

menu
ካርታ
መግብታት

chair
መንበር

soup
መረቕ

pizza
ፒትሳ

cutlery
መመታተሪ

tablecloth
ክዳን ጣውላ

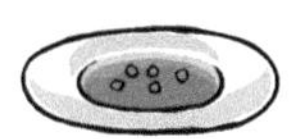

starter

ቅድመ ቀንዲ መግቢ

main course

ቀንዲ መኣዲ

dessert

ድሕሪ መግቢ

drinks

መስተ

food

መግቢ

bottle

ጥርሙዝ

fast food

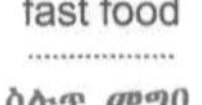

ስሉጥ መግቢ

street food

መግቢ ጽርግያ

teapot

ብርጭቆ ሻሂ

sugar bowl

ታኒካ ሽኮር

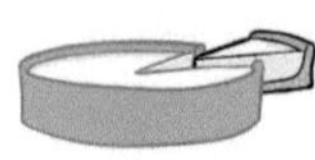

portion

ክፋል

espresso machine

ማሺን ኤስፕረሶ

high chair

ነዊሕ መንበር

bill

ጸብጻብ

tray

ታብለት

knife

ካራ

fork

ፋርኪታ

spoon

ማንካ

teaspoon

ማንካ ሻሂ

serviette

ሰርቪየተ

glass

ብኬሪ

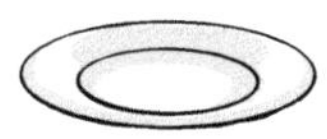

plate

ሽሓኒ

soup plate

ሽሓኒ መረቕ

saucer

ትሕቲ ኩባያ

sauce

ጸብሒ

salt shaker

ወሃቢ ጨው

pepper mill

መጥሓን በርበረ

vinegar

ኣቸቶ

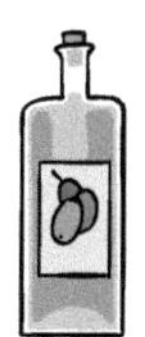

oil

ዘይቲ

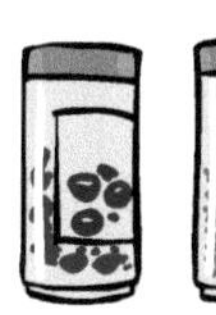

spices

ቀመም

ketchup

ከቹፕ

mustard

ኣድሪ

mayonnaise

ማዩኒዝ

supermarket

ሱፐርማርከት

special offer
ወፈያ

customer
ዓሚል

dairy products
ፍርያታት ጸባ

fruit
ፍረታት

shopping cart
ሰረገላ ዱኳን

butcher's shop
እንዳ ስጋ

bakery
እንዳ ባኒ

weigh
ክብደት

vegetables
ኣሕምልቲ

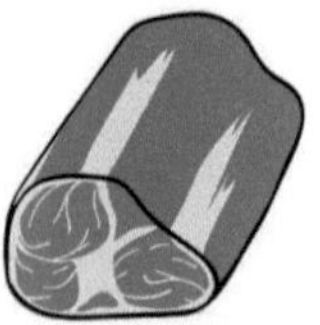

meat
ስጋ

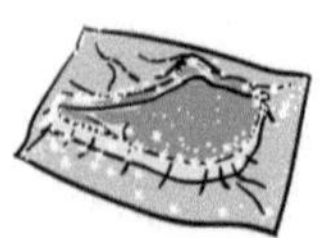

frozen food
መግቢ ፍሪጅ በረድ

cold cuts

ዝሑል ቅሩብ መግቢ

canned food

እስቃጥላ

detergent

ኦሞ

candy

ምቁር መግቢ

household products

ዘቤታውያን ኣቕሑ

cleaning products

ናውቲ መጸረዪ

sales representative

ሸቃጣይ

cash register

ካሳ

cashier

ተሓዝ ገንዘብ

shopping list

ዝርዝር ምግዛእ

opening hours

ክፉት ሰዓታት

wallet

ማሕፉዳ

credit card

ክረዲት ካርድ

bag

ሳንጣ

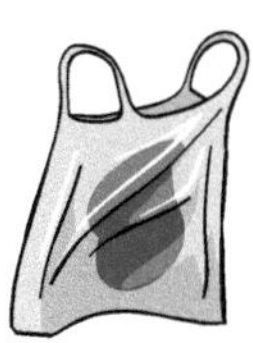

plastic bag

ፌስታል

drinks

መስተ

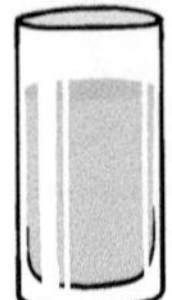

water

ማይ

juice

ጽማቕ

milk

ጸባ

coke

ኮላ

wine

ነቢት

beer

ቢራ

alcohol

ኣልኮል

cocoa

ካካው

tea

ሻሂ

coffee

ቡን

espresso

ኤስፕረሶ

cappuccino

ካፑቺኖ

banana

ባናና

apple

ቱፋሕ

orange

ኣራንሺ

melon

ብርጭቕ

lemon

ለሚን

carrot

ካሮት

garlic

ጻዕዳ ሽጉርቲ

bamboo

ባምቡስ

onion

ሽጉርቲ

mushroom

ቅንጥሻ

nuts

ፋል

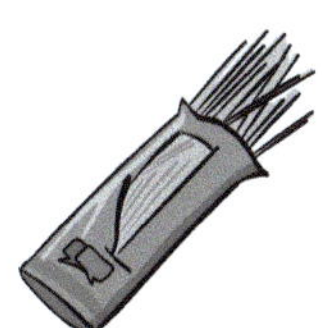

noodles

ፓስታ

spaghetti

ስፓገቲ

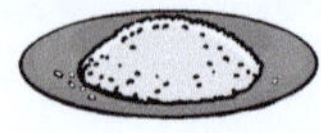

rice

ሩዝ

salad

ሰላጣ

fries

ቅልዋ ድንሽ

fried potatoes

ቅሉው ድንሽ

pizza

ፒትሳ

hamburger

ሃምቡርገር

sandwich

ፓኒኖ

escalope

ቢስተካ

ham

ሰለፍ ሓሰማ

salami

ሳላሚ

sausage

ግዕዝም

chicken

ደርሆ

roast

ቀለወ

fish

ዓሳ

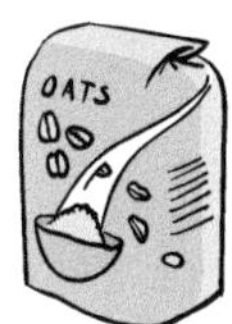

porridge oats

ገዓት

muesli

ሙስሊ

cornflakes

ኮርንፍለይክስ

flour

ሓርጭ

croissant

ክሮሶን

bread roll

ባኒ

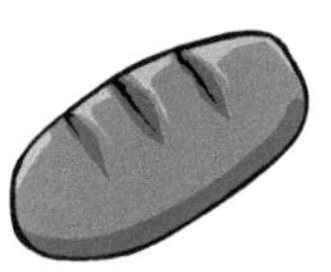

bread

ባኒ

toast

ቶስት

cookies

ብሽኮቲ

butter

ጠስሚ

curd

ርጎእ

cake

ፓስተ

egg

እንቋቑሖ

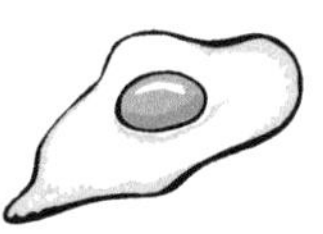

fried egg

ቅሉው እንቋቑሖ

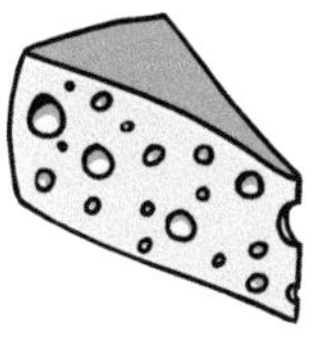

cheese

ፉርማጆ

ice cream

አይስ ክሬም

sugar

ሽኮር

honey

መዓር

jelly

ጀም

nougat cream

ኑጋት-ክሬም

curry

ኩሪ

farm

ቤት ሕርሻ

goat

ጤል

cow

ብዕራይ

calf

ምራኽ

pig

ሓሰማ

piglet

ውላድ ሓሰማ

bull

ኣርሓ

goose

ዓዓ

duck

ማይ ደርሆ

chick

ጫቑት

hen

ደርሆ

cockerel

ኣርሓ ደርሆ

rat

ኣንጨዋ ዓባይ

cat

ድሙ

mouse

ኣንጭዋ

ox

ብዕራይ

dog

ከልቢ

dog house

ኣጕዶ ከልቢ

garden hose

ቱባ ጀርዲን

watering can

መዝፈፊ ማይ

scythe

ዓቢ ማዕጺድ

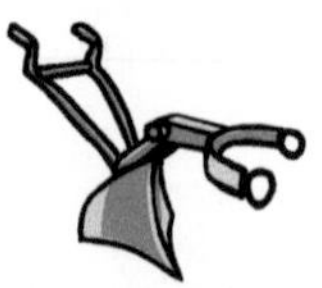

plow

ማሕረሻ

sickle

ማዕጺድ

hoe

ጭኽሮ

pitchfork

መስአ

axe

ፋስ

pushcart

ዓረብያ ኢድ

trough

ጋብላ

milk can

ብርጭቆ ጸባ

sack

ክሻ

fence

ሓጹር

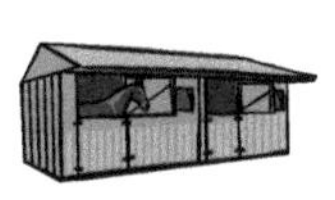

stable

መጓሰስ

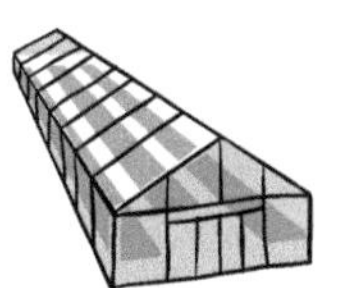

greenhouse

ቐጠልያ ገዛ

soil

ባይታ

seed

ዘርኢ

fertilizer

ድኹዒ

combine harvester

ዘጣምር ቀውዓይ

harvest

ቀውዐ

harvest

ጻማ

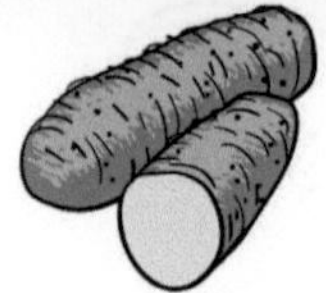

yams

ድንሽ ያም

wheat

ስርናይ

soya

ሶያ

potato

ድንሽ

corn

ዕፉን

rapeseed

ራፕስ

fruit tree

ገረብ ፍረታት

manioc

ማኒኦክ

grain

ኣእኻል

house

ገዛ

living room

ክፍሊ ምቕማጥ

bathroom

ክፍሊ ባንዮ

kitchen

ክሽነ

bedroom

ክፍሊ መደቀሲ

kids room

ክፍሊ ቆልዑ

dining room

መመገቢ ክፍሊ

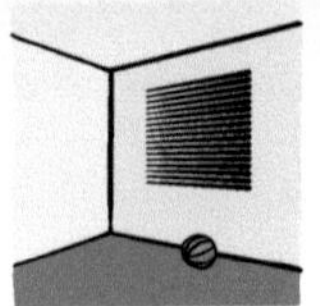

floor

....

ባይታ

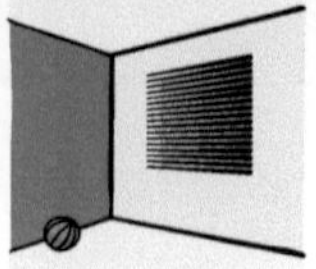

wall

....

መንደቕ

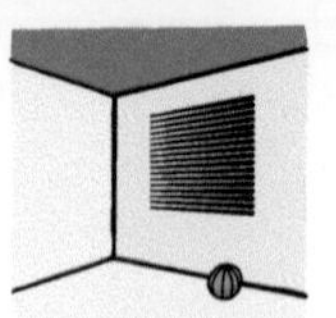

ceiling

....

ከቦርታ

cellar

....

ካንቲና

sauna

....

ሳውና

balcony

....

ባልኮን

terrace

....

ዛላ

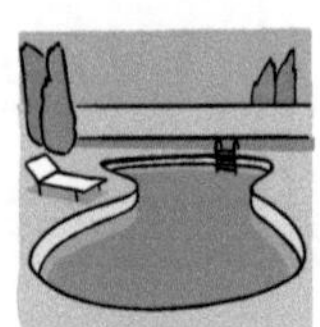

pool

....

መሕምበሲ

lawn mower

....

መቑረጺ ሳዕሪ

sheet

....

ኣንሶላ ዓራት

bedspread

....

ከቦርታ ዓራት

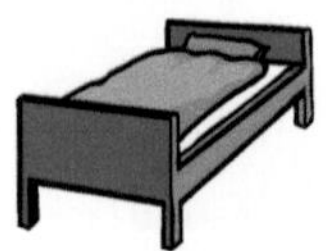

bed

....

ዓራት

broom

....

መኾስተር

bucket

....

መገለል

switch

....

መወልዒት

living room

ክፍሊ ምቕማጥ

carpet

መንጸፍ

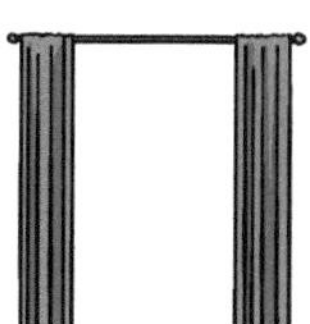

drape

መጋረጃ

table

ጣውላ

chair

መንበር

rocking chair

ሰለል ዝብል መንበር

armchair

መንበር ምቹእ

book

መጽሓፍ

blanket

ከቦርታ

decoration

ስልማት

firewood

እንጨይቲ ሓዊ

film

ፊልም

stereo system

ስተረዮ

key

መፍትሕ

newspaper

ጋዜጣ

painting

ቕብኣ

poster

ፖስተር

radio

ረድዮ

notebook

ጥራዝ

vacuum cleaner

መልገሲ ደሮና

cactus

በለስ

candle

ሽምዓ

kitchen
ክሽነ

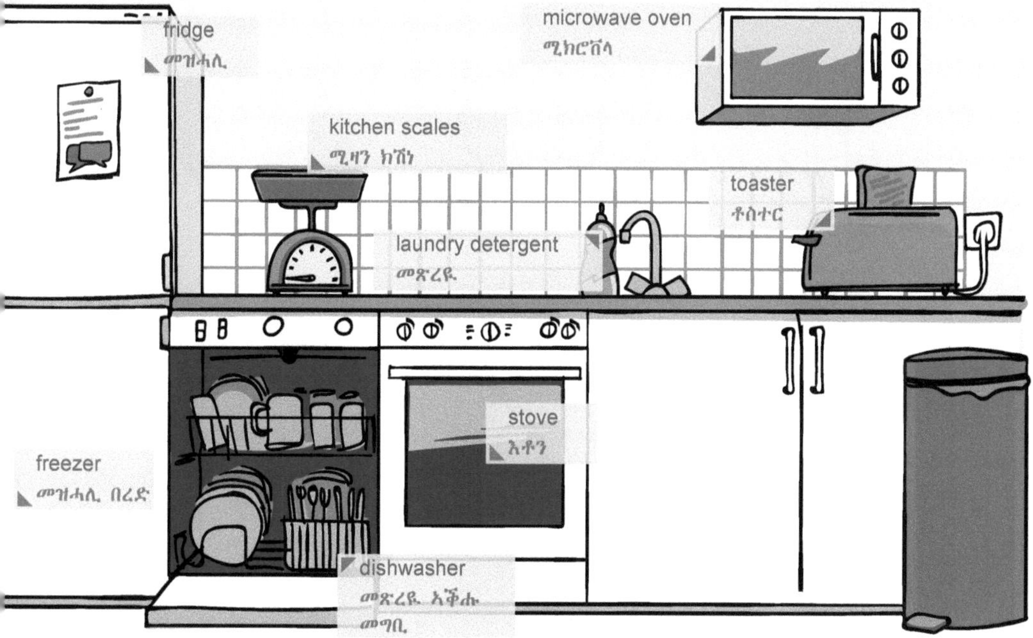

fridge
መዝሓሊ

microwave oven
ሚክሮቨላ

kitchen scales
ሚዛን ክሽነ

toaster
ቶስተር

laundry detergent
መጽረዪ

stove
እቶን

freezer
መዝሓሊ በረድ

dishwasher
መጽረዪ ኣቕሑ መግቢ

cooker

መኽሸኒ

pot

ድስቲ

cast-iron pot

ድስቲ ሓጺን

wok / kadai

ቮክ/ካዳይ

pan

ባደላ

kettle

መውዓዪ ማይ

steamer

....

መፍልሒ

baking tray

....

ጓንቴራ ምስንካት

crockery

....

ኣቕሑ መግቢ

mug

....

ብርጭቆ

bowl

....

ጭሖሎ

chopsticks

....

ማንካቺና

ladle

....

ማንካ መረቕ

spatula

....

መገልበጢ ባደላ

whisk

....

መኾስተር ውርጪ

strainer

....

መንፈት መግቢ

sieve

....

መንፊት

grater

....

መፋሕፍሒ

mortar

....

ሞርታር

barbecue

....

ባርቢክዩ

fireplace

....

ስፍራ ሓዊ

chopping board

....

እንጨይቲ ምምታር

rolling pin

....

እንጨይቲ ኰረር

corkscrew

....

መኽፈት ቡሽ

can

....

ታኒካ

can opener

....

መኽፈቲ ታኒካ

oven cloth

....

ጨርቂ ድስቲ

sink

....

ቡምባ

brush

....

ኣስባስላ

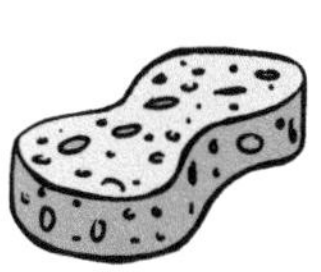

sponge

....

ሰፍነግ

blender

....

ሓዋሲ ኣደባላቒ

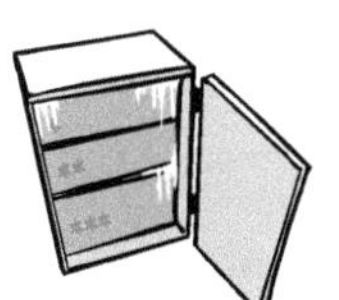

deep freezer

....

መዝሓሊ በረድ

baby bottle

....

ጥርሙዝ ማማይ

tap

....

ቡምባ ማይ

bathroom

ክፍሊ ባንዮ

heating
መውዓዪ

shower
መሕጸቢ ሻወር

towel
ሽጎማኖ

shower curtain
ሻወር መጋረጃ

bubble bath
መሕጸቢ ዓፍራ

bathtub
ባንዮ መሕጸቢ

glass
ብኬሪ

washing machine
ሓጻቢት

tap
ቡምባ ማይ

tiles
ማቶነላ

potty
ድስቲ

sink
ቡምባ

toilet

ሽቓቕ

squat toilet

ሽቓቕ ኮፍ

bidet

በዴ

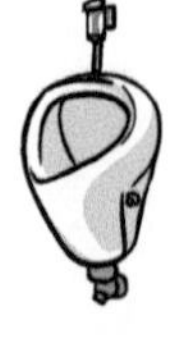

urinal

ሽቃቕ ተባዕታይ

toilet paper

ወረቐት ሽቓቕ

toilet brush

ኣስባስላ ሽቓቕ

toothbrush

ኣስባስላ ስኒ

toothpaste

ክረማ ስኒ

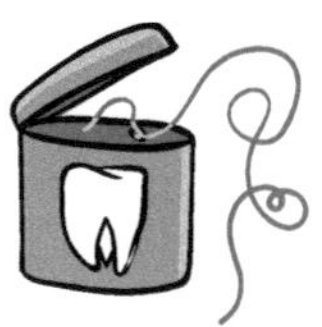

dental floss

ሃሪ ስኒ

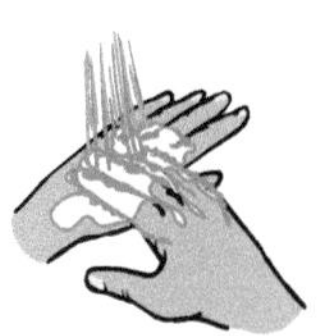

wash

ሓጸበ

hand shower

ዱሽ ኢድ

douche

ዱሽ

basin

ብርጭቆ ምሕጻብ

back brush

ኣስባስላ ሕቖ

soap

ሳምና

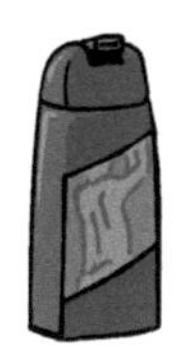

shower gel

ሻወር ጀል

shampoo

ሻምፑ

flannel

ጨርቂ መሕጸቢ

drain

መውሓዚ

creme

ክረማ

deodorant

ደዮ ጨና

mirror

....

መስትያት

hand mirror

....

ናይ ኢድ መስትያት

razor

....

መላጸ

shaving foam

....

ዓፍራ ምልጻይ

aftershave

....

ጨና ድሕሪ ምልጻይ

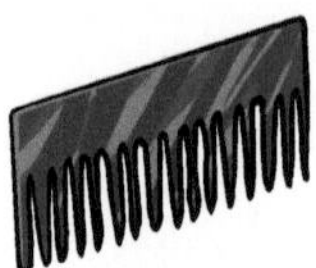

comb

....

መመሸጥ

brush

....

ኣስባስላ

hair-dryer

....

መንቐጺ ጸግሪ

hairspray

....

ስፕረይ ጸግሪ

makeup

....

መመላኽዒ

lipstick

....

ብርዒ ቀለም ከንፈር

nail varnish

....

ኣዝማልቶ

cotton wool

....

ጸምሪ ጡጥ

nail scissors

....

መስደዲ ጽፍሪ

perfume

....

ጨና

washbag

ሳንጣ መሕጸቢ

stool

ድኳ

weighing scales

ሚዛን

bathrobe

ክዳን መሕጸቢ

rubber gloves

ጓንቲ መጸረዩ

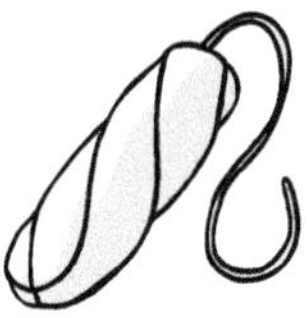

tampon

ታምፖን

sanitary towel

ጨርቂ ሰበይቲ

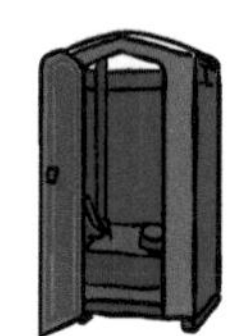

chemical toilet

ሽቓቕ ከሚስትሪ

kids room

ክፍሊ ቆልዑ

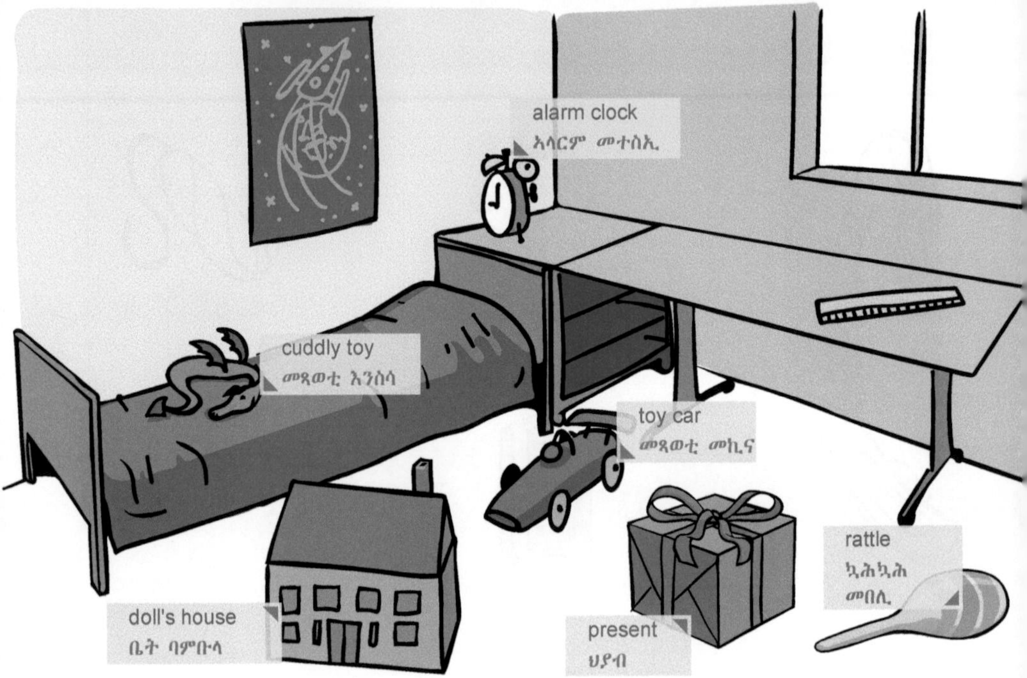

alarm clock
ኣላርም መተስኢ

cuddly toy
መጻወቲ እንስሳ

toy car
መጻወቲ መኪና

rattle
ኳሕኳሕ
መበሊ

doll's house
ቤት ባምቡላ

present
ህያብ

balloon
ባላንችና

bed
ዓራት

stroller
ሰረገላ ህጻን

deck of cards
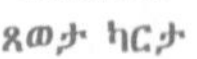
ጸወታ ካርታ

jigsaw
ሕንቅሊተይ

comic
ኮሚዲ

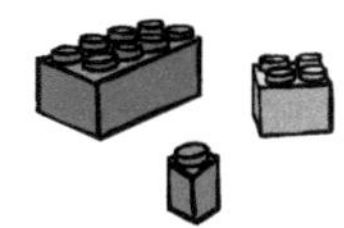

lego bricks

እምንታት መጻወቲ ለጎ

toy blocks

መጻወቲ እምንታት

action figure

በዓል ኣክቸን

romper suit

ክዳን ማማይ

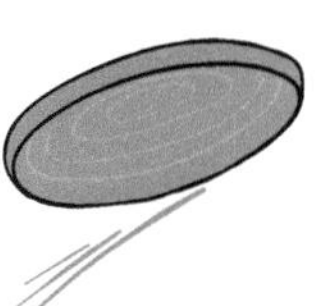

frisbee

ፍሪስቢ

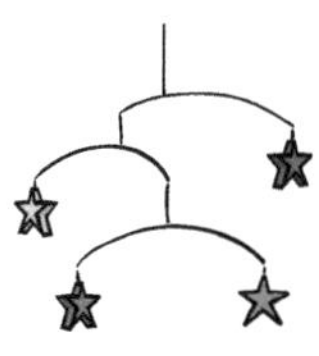

mobile

ሞባይል ማማይ

board game

ጸወታ ሰሌዳ

dice

ኩቦ

model train set

ሞደል ባቡር ምድሪ

pacifier

ዓባስ

party

ፓርቲ

picture book

መጽሓፍ ስእሊ

ball

ኩዕሶ

doll

ባምቡላ

play

ተጻወተ

sandpit

....

መጻወቲ ሑጻ

swing

....

ሰላል

toys

....

መጻወቲታት

video game console

....

ኮንሶል ቪድዮ

tricycle

....

መጻወቲ ሰለስተ መንኮርኮር

teddy bear

....

ተዲ

wardrobe

....

ከብሒ ክዳን

clothing

ክዳን

socks

....

ካልስታት

stockings

....

ነዊሕ ካልስታት

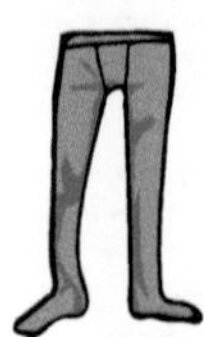

tights

....

ስረ ካልሲ

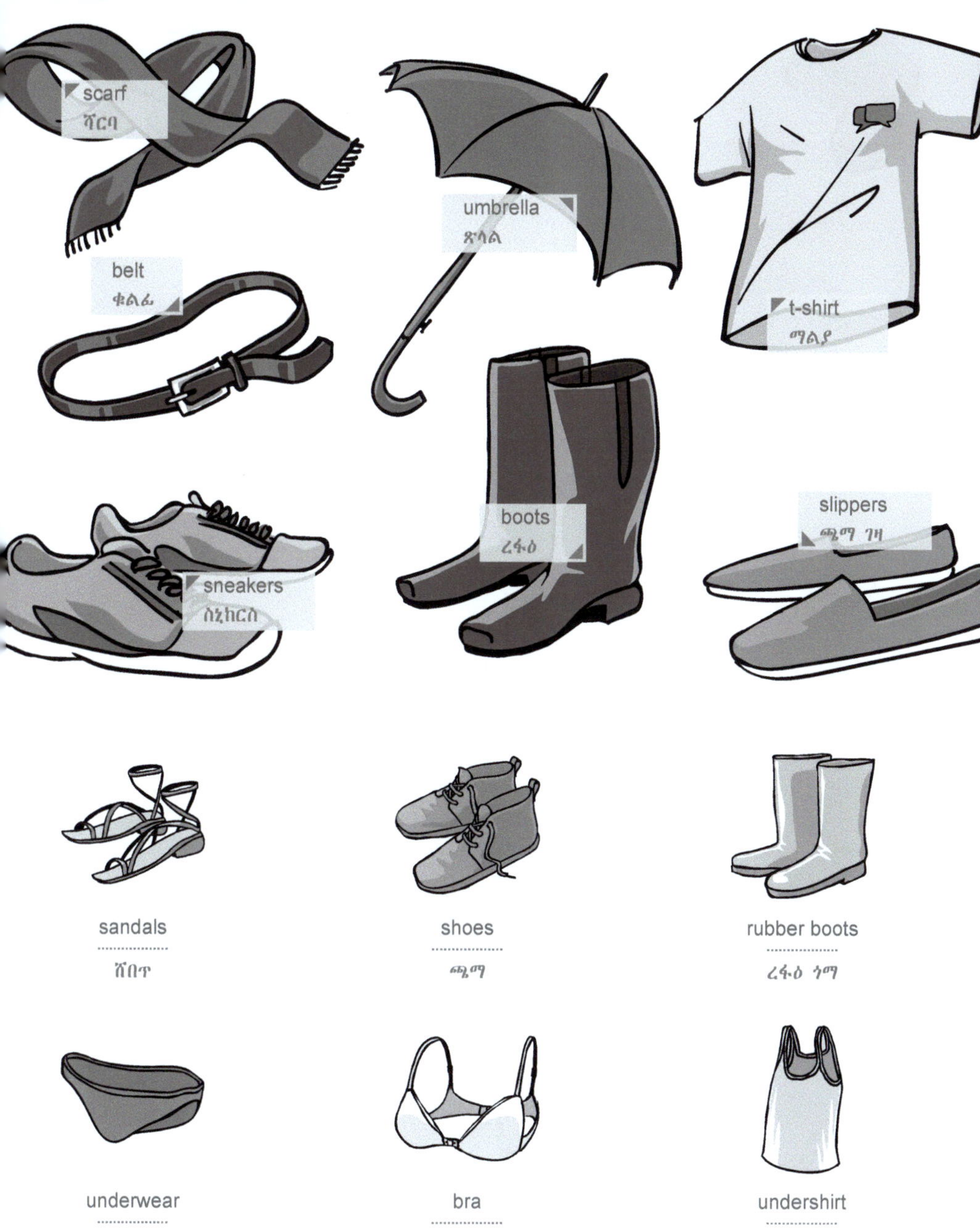
scarf
ሻርባ
umbrella
ጽላል
belt
ቁልፊ
t-shirt
ማልያ
boots
ረፋዕ
slippers
ጫማ ገዛ
sneakers
ስኒከርስ
sandals
ሸበጥ
shoes
ጫማ
rubber boots
ረፋዕ ጎማ
underwear
ሙታንታ
bra
ክዳን ጡብ
undershirt
ትሕተ ካሚቻ

body

ቦዲ

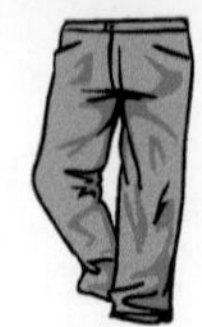

pants

ስረ

jeans

ጂንስ

skirt

ቀምሽ

blouse

ካምቻ

shirt

ካሚቻ

pullover

ጉልፎ

sweater

ጎልፎ

blazer

ጃኬት

jacket

ጃከት

coat

ጁባ

raincoat

ክዳን ዝናብ

costume

ኮስቱም

dress

ቀምሽ

wedding dress

ቀምሽ መርዓ

suit

ልብሲ

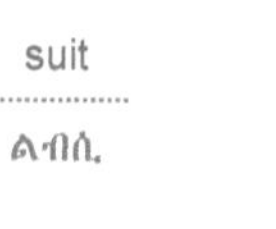

nightgown

ካሚቻ ለይቲ

pajamas

ክዳን ለይቲ

sari

ሳሪ

headscarf

መሃረብ ርእሲ

turban

ቱርባን

burka

ቡርካ

kaftan

ካፍታን

abaya

ኣባያ

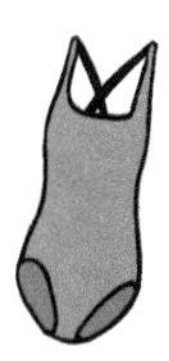

swimsuit

ክዳን መሕምበሲ

trunks

ስረ መሕምበሲ

shorts

ሓጺር ስረ

tracksuit

ክዳን ታዕሊም

apron

በጃ ክዳን

gloves

ጓንቲ

button

መልጎም

glasses

መነጽር

bracelet

በንናጅር

necklace

ማዕተብ

ring

ቀለበት

earring

ኩትሻ

cap

ቆብዕ

coat hanger

መንበሪ ጁባ

hat

ባርነጣ

tie

ካርራቫት

zip

ሻርነጣ

helmet

ሀልመት

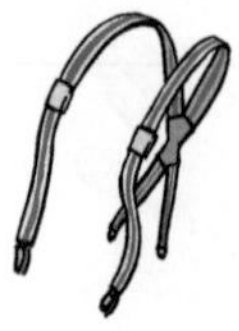

braces

መድልደል ስረ

school uniform

ድቢዛ ቤትትምህርቲ

uniform

ድቢዛ

bib

ሰደርያ ቆልዓ

pacifier

ዓባስ

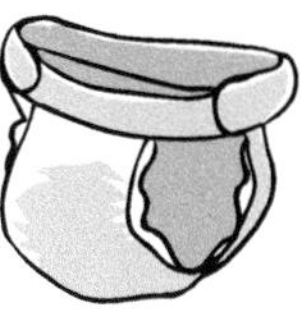

diaper

ጨርቂ ማማይ

office
ቤት ጽሕፈት

server
ሰርቨር

filing cabinet
ከብሒ ሰነድ

paper
ወረቐት

printer
ፕሪንተር

monitor
ሞኒቶር

mouse
ኣንጭዋ

desk
ጣውላ
ምጽሓፍ

folder
ሓቛፊ

keyboard
ኪቦርድ

waste-paper basket
ጎሓፍ ወረቐት

computer
ኮምፒተር

chair
መንበር

coffee mug

ብርጭቆ ቡን

calculator

ካልኩለተር

internet

ኢንተርነት

laptop

ለፕቶፕ

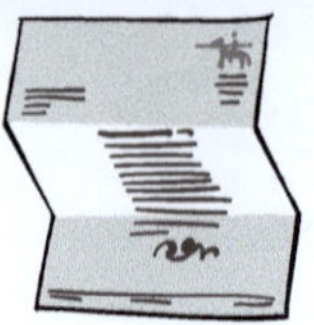

letter

ደብዳበ

message

መልእኽቲ

cell phone

ሞባይል

network

ነትወርክ/መርበብ

photocopier

መቅድሒ ፎቶኮፒ

software

ሶፍትዌር

telephone

ተለፎን

plug socket

ሶከት ኳረንቲ

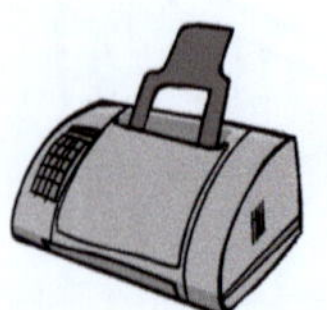

fax machine

ፋክስ

form

ፎርም

document

ሰነድ

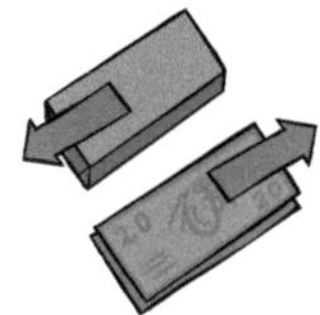

buy

ገዝአ

pay

ከፈለ

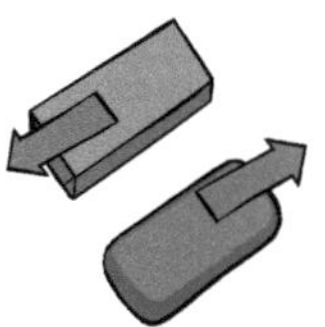

trade

ንግዲ

money

ገንዘብ

dollar

ዶላር

euro

ኦይሮ

yen

የን

rouble

ሩብል

Swiss franc

ስዊዝ ፍራንክን

renminbi yuan

ረንሚንቢ ዩዋን

rupee

ሩፒየ

cash point

መውጽኢ ማሺን ገንዘብ

currency exchange office

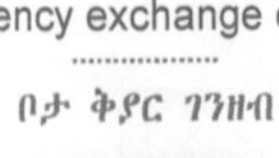

ቦታ ቅያር ገንዘብ

gold

ወርቂ

silver

ብሩር

oil

ዘይቲ

energy

ሓይሊ

price

ዋጋ

contract

ውዕል

tax

ቀረጽ

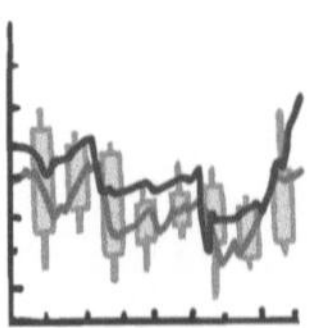

stock

እኩብ ጥረ-ነገራት

work

ሰርሐ

employee

ሰራሕተኛ

employer

ኣስራሒ

factory

ትካል

shop

ድኳን

occupations

ሞያታት

police officer
በዓል ፖሊስ

fireman
መጠፈኢ ሓዊ

cook
ከሻኒ

doctor
ሓኪም

pilot
መራሒ ነፋሪት

gardener

ሰራሕተኛ ጀርዲን

carpenter

ጸራቢ ዕንጸይቲ

seamstress

ሰፋይት

judge

ፈራዳይ

chemist

ቀማሚ

actor

ተዋሳኢ

bus driver

....

መራሒ ኣዉቶቡስ

taxi driver

....

ኣውቲስታ ታክሲ

fisherman

....

ገፋፊ ዓሳ

cleaning lady

....

ጸራጊት

roofer

....

ሃናጻይ ናሕሲ

waiter

....

ኣሰላፊ

hunter

....

ሃዳናይ

painter

....

ሰኣላይ

baker

....

እንዳ ሕብስቲ

electrician

....

ኤለትሪክኛ

builder

....

ሃናጺ ኣባይቲ

engineer

....

ሃንዳሲ

butcher

....

ሰራሕተኛ እንዳ ስጋ

plumber

....

ድራብሊኮ

postman

....

ኣማላላሲ ፖስጣ

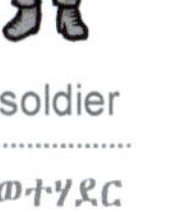

soldier

ወተሃደር

architect

መሃንድስ

cashier

ተሓዝ ገንዘብ

florist

ሰራሕተኛ ዕምባባ

hairdresser

ቀምቃማይ

conductor

ፈተሪኖ

mechanic

መካኒክ

captain

መራሒ መርከብ

dentist

ሓኪም ስኒ

scientist

ተመራማሪ

rabbi

ራቢ

imam

ኢማም

monk

ፈላሲ

pastor

ቀሺ

tools

ናውቲ

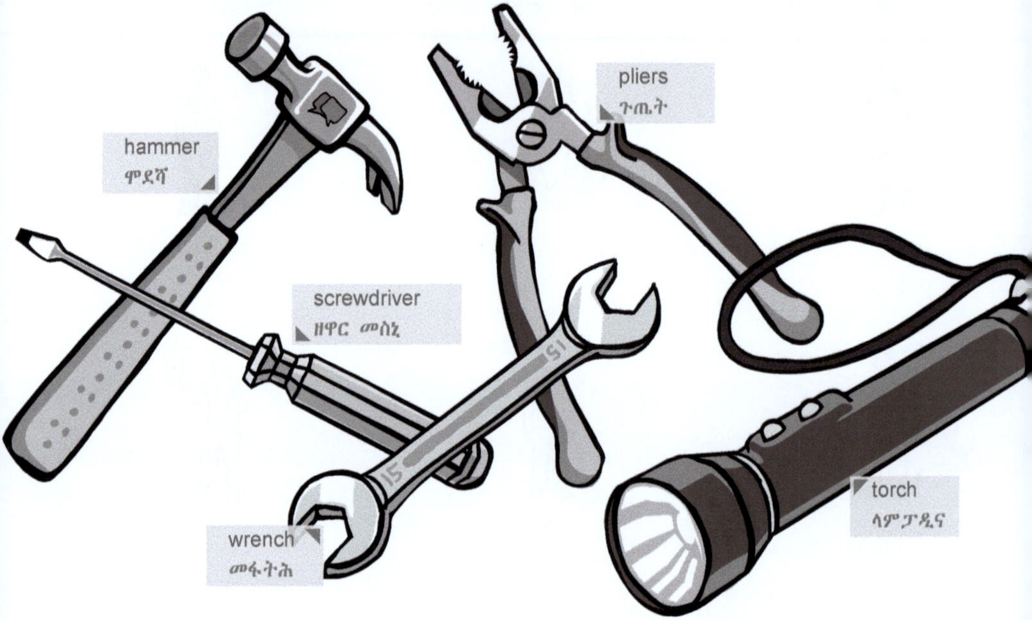

hammer
ሞደሻ

pliers
ጉጤት

screwdriver
ዘዋር መስኒ

wrench
መፋትሕ

torch
ላምፓዲና

excavator

ፈሓሪ

toolbox

ናውቲ ቦክስ

ladder

መደያይቦ

saw

መጋዝ

nails

መስማር

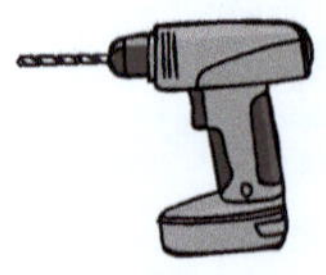

drill

ኰዓቲ

repair

ምዕራይ

shovel

ባደላ

Damn!

ኣይ!

dustpan

መትሓዚ ዶሮና

paint can

ድስቲ ቀለም

screws

ካቻቢተ

musical instruments

መሳርሒ ሙዚቃ

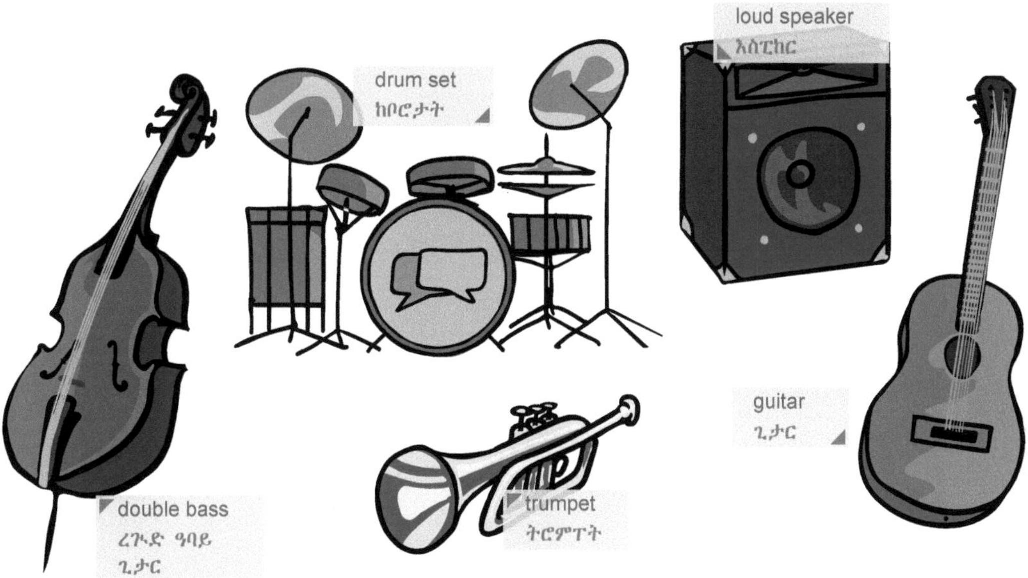

loud speaker
እስፒከር

drum set
ከቦሮታት

guitar
ጊታር

double bass
ረጕድ ዓባይ
ጊታር

trumpet
ትሮምፕት

piano

ፒያኖ

violin

ቪዮሊን

bass

ባስ ጊታር

timpani

ቲምፓኒ

drums

ከበሮ

keyboard

ኦርጋን

saxophone

ሳክሶፎን

flute

ሻምብቆ

microphone

ሚክሮፎን

entrance
መእተዊ

tiger
ነብሪ

cage
ጎብያ

zebra
ኣድጊ በረኻ

animal feed
መግቢ እንስሳ

panda
ፓንዳ

animals

እንስሳታት

elephant

ሓርማዝ

kangaroo

ካንጋሩ

rhino

ሓሪሽ

gorilla

ጉሪላ

bear

ድቢ

camel

ገመል

ostrich

ሰገን

lion

ኣንበሳ

monkey

ህበይ

flamingo

ፍላሚንጎ

parrot

ሕንጻይ

polar bear

ድቢ በረድ

penguin

ፐንጉን

shark

ከልቢ ዓሳ

peacock

ጣውስ

snake

ተመን

crocodile

ሓርገጽ

zookeeper

ሓላዊ ቤት ገርድሽ

seal

ዓሳ ዚምገብ እንስሳ ባሕሪ

jaguar

ጃጓር

pony

ሓጺር ፈረስ

leopard

ነብሪ

hippo

ጉማረ

giraffe

ጂራፍ

eagle

ሊላ

boar

መፍለስ

fish

ዓሳ

turtle

ጎብየ

walrus

ዋልሩስ

fox

ወኻርያ

gazelle

ሰስሓ

sports
ስፖርት

American football
ናይ ኣሜሪካ ኩዕሶ እግሪ
cycling
ምዝዋር ብሽግለታ
tennis
ተኒስ
basketball
ባስከትባል
swimming
ምሕምባስ
boxing
ቦክሲንግ
ice hockey
ሆኪ በረድ
soccer
ኩዕሶ እግሪ
badminton
ባድሚንቶን
athletics
እስፖርታዊ ንጥፈታት
handball
ኩዕሶ ኢድ
skiing
ስኪ
polo
ፖሎ

activities

ንጥፈታት

push
ደፍአ

give
ሃበ

take
ወሰደ

have

አለወ

do

ገበረ

be

ኮነ

stand

ጠጠው በለ

run

ጎየየ

pull

ሰሓበ

throw

ሰንደወ

fall

ወደቐ

lie

ሓሰወ

wait

ተጸበየ

carry

ሰከም

sit

ኮፍ በለ

get dressed

ተኸድነ

sleep

ደቀሰ

wake up

ተስአ

look at

ረአየ

cry

በኸየ

stroke

ብኣጻብዑ ደረዘ

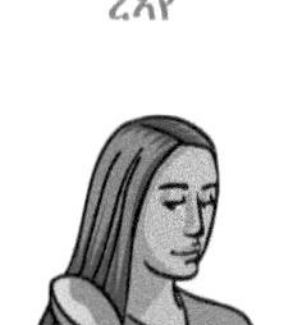

comb

መሸጠ

talk

ተዛረበ

understand

ተረድአ

ask

ሓተተ

listen

ሰምዐ

drink

ሰተየ

eat

በልዐ

tidy up

ኣቐመጠ

love

ኣፍቀረ

cook

ከሸነ

drive

ዘወረ

fly

ነፈረ

sail

....

ብመርከብ ገየሸ

calculate

....

ደመረ

read

....

ኣንበበ

learn

....

ተመሃረ

work

....

ሰርሐ

marry

....

መርዓወ

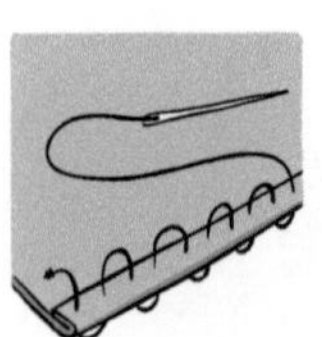

sew

....

ሰፈየ

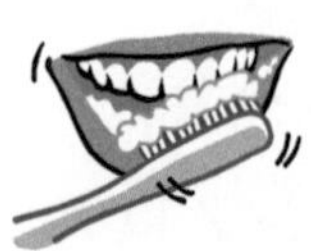

brush teeth

....

ጽሬት ኣስናን

kill

....

ቀተለ

smoke

....

ሽጋራ ተከኸ

send

....

ሰደደ

family

ስድራቤት

grandmother
ዓባየ

grandfather
ኣቦሓጎ

father
ኣቦ

mother
ኣደ

baby
ማማይ

daughter
ጓል

son
ወዲ

guest
ጋሻ

aunt
ሓትኖ

uncle
ኣኮ

brother
ሓው

sister
ሓፍቲ

body

ኣካላት

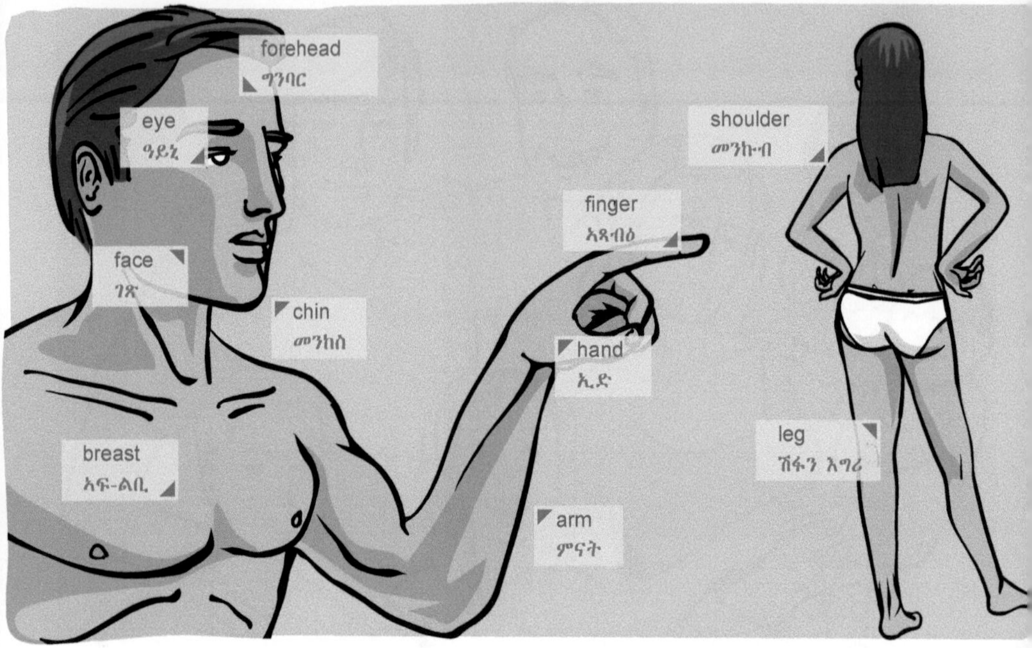

forehead
ግንባር

eye
ዓይኒ

face
ገጽ

chin
መንከስ

breast
ኣፍ-ልቢ

finger
ኣጻብዕ

hand
ኢድ

arm
ምናት

shoulder
መንኩብ

leg
ሽፋን እግሪ

baby
ማማይ

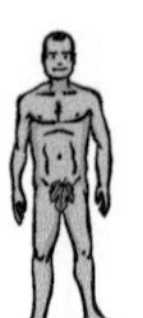

man
ሰብኣይ

woman
ሰበይቲ

girl
ጓል

boy
ወዲ

head
ርእሲ

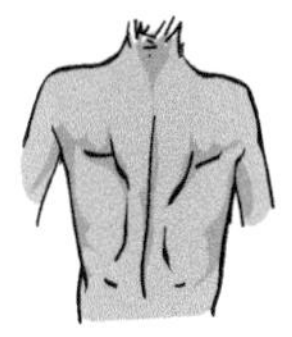

back

ሕቖ

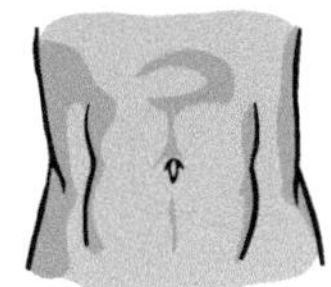

belly

ከስዐ

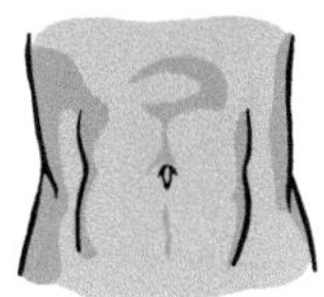

navel

ሕምብርቲ

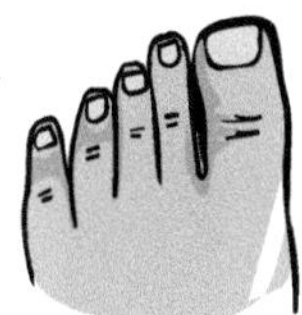

toe

ኣጻብዕ እግሪ

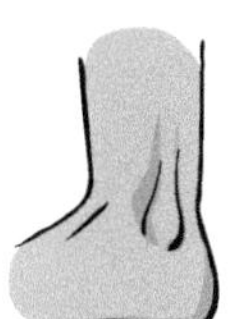

heel

ኲርኾረ

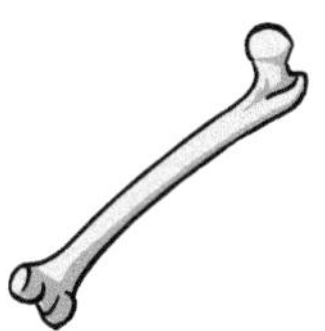

bone

ዓጽሚ

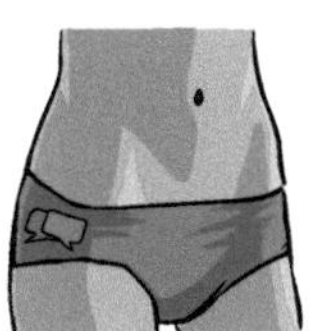

hip

ምሕኵልቲ

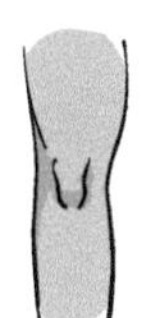

knee

ብርኪ

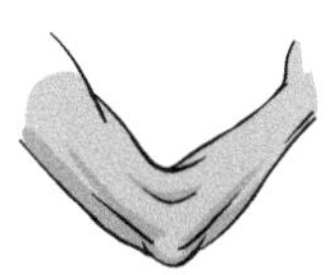

elbow

ፎግፎጐ

nose

ኣፍንጫ

buttocks

መዓኮር

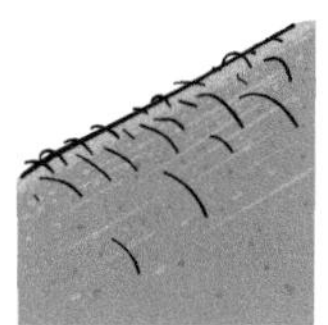

skin

ቆርበት

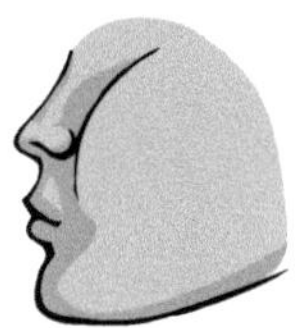

cheek

ምዕጉርቲ

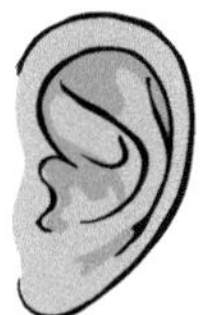

ear

እዝኒ

lip

ከንፈር

mouth

አፍ

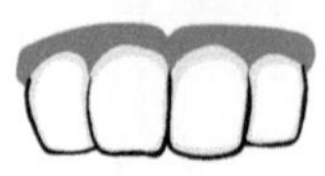
tooth

ስኒ

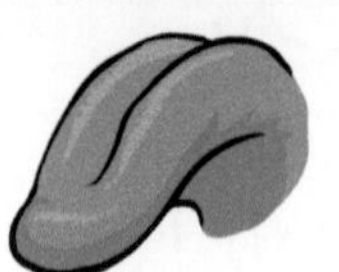
tongue

መልሓስ

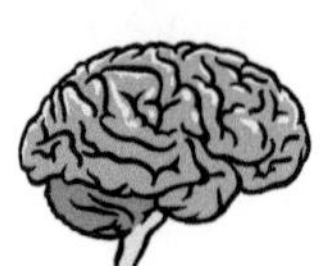
brain

ሓንጎል

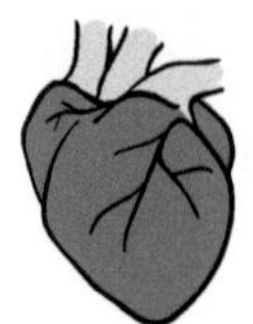
heart

ልቢ

muscle

ጭዋዳ

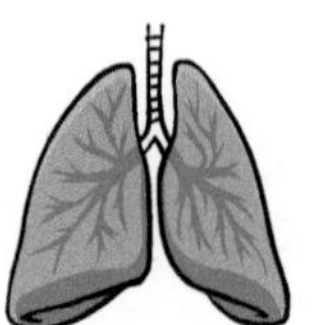
lung

ሳንቡእ

liver

ጸላም ከብዲ

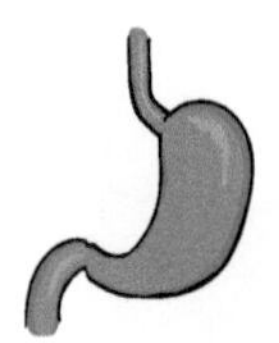
stomach

ከብዲ

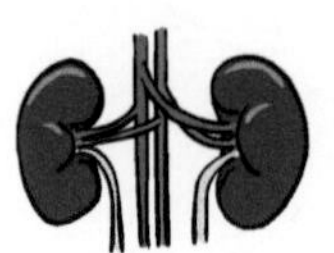
kidneys

ኩሊት

sex

ግብረ ስጋ

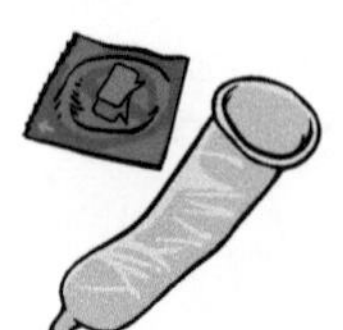
condom

ኮንዶም

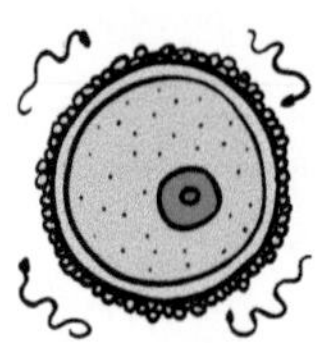
ovum

እንቋቑሖ

semen

ዘርኢ ተባዕታይ

pregnancy

ጥንሲ

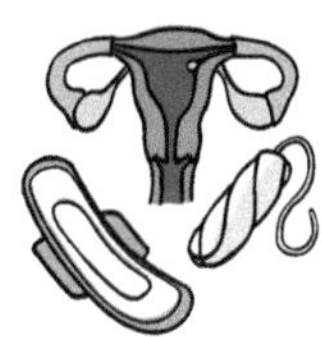

menstruation

ጽግያት

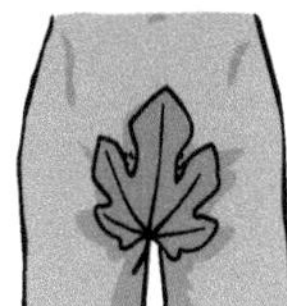

vagina

ርሕሚ

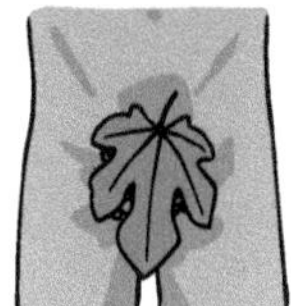

penis

መትሎ

eyebrow

ሽፋሽፍቲ

hair

ጸጉሪ

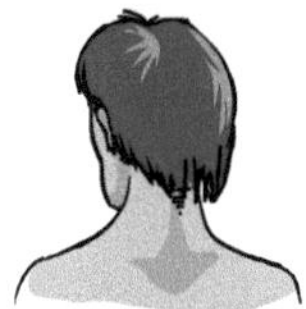

neck

ክሳድ

hospital

ሆስፒታል

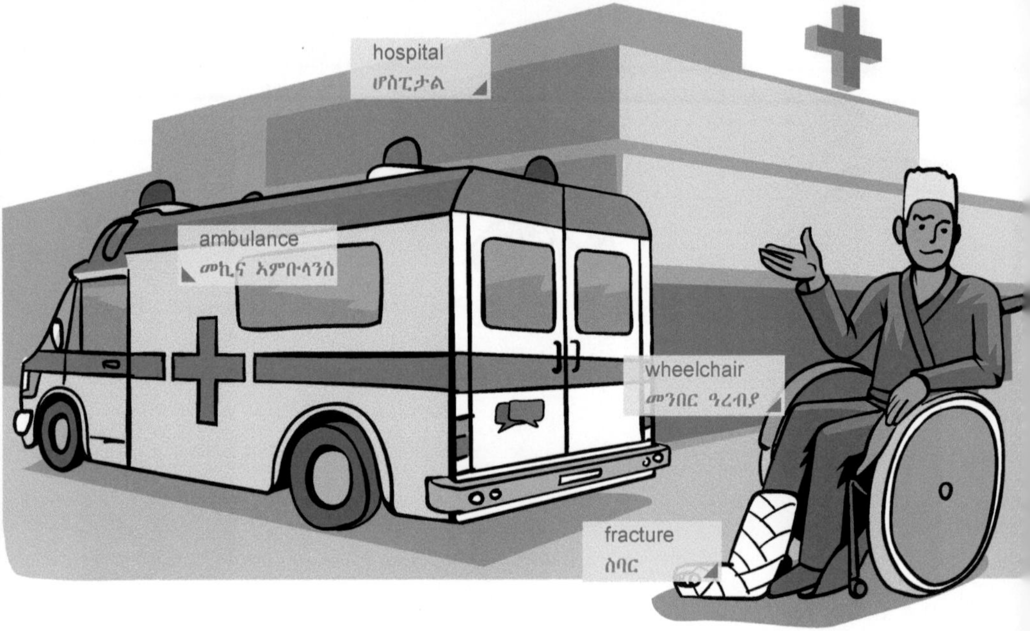

hospital
ሆስፒታል

ambulance
መኪና ኣምቡላንስ

wheelchair
መንበር ዓረብያ

fracture
ስባር

doctor

ሓኪም

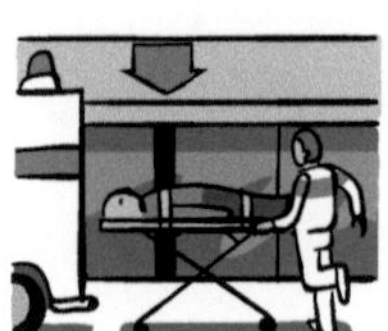

emergency room

ክፍሊ ህጹጽ ረድኤት

nurse

ኣላይት

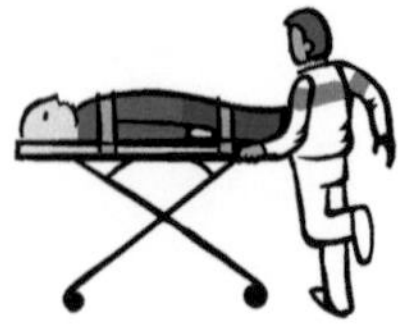

emergency

ህጹጽ ኩነት

unconscious

ውነኡ ዘጥፍአ

pain

ቃንዛ

injury

ጉድኣት

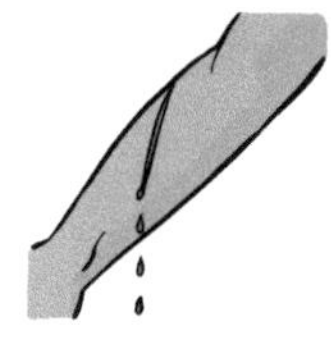

bleeding

ደም

heart attack

ማህረምቲ

stroke

ማህረምቲ

allergy

ኣለርጂ

cough

ሰዓል

fever

ረስኒ

flu

ኡንፍልወንዛ

diarrhea

ውጽኣት

headache

ቃንዛ ርእሲ

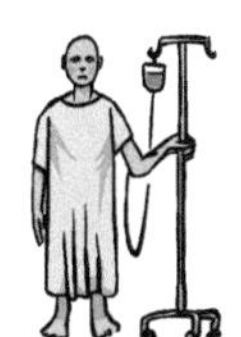

cancer

መንሽሮ

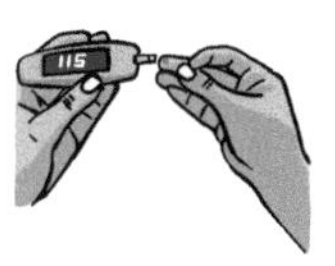

diabetes

ሹኮርያ

surgeon

ሓኪም መጥባሕቲ

scalpel

መጥብሒ

operation

መጥባሕቲ

CT

CT

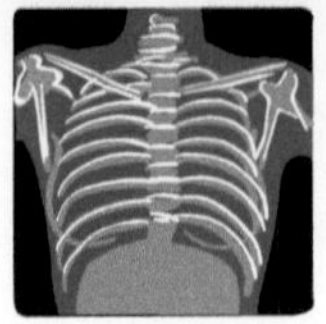

x-ray

ራጂ

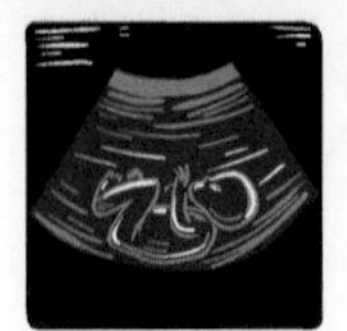

ultrasound

ልዕለ ድምጻዊ

face mask

መሸፈኒ ገጽ

disease

ሕማም

waiting room

ክፍሊ ምጽባይ

crutch

ምርኩስ

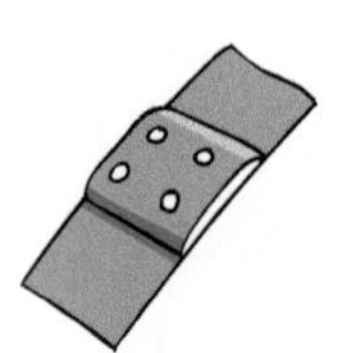

plaster

መጀነኒ ቑስሊ

bandage

መጀነኒ

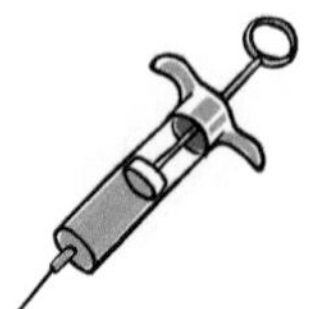

injection

መርፍዕ ምውጋእ

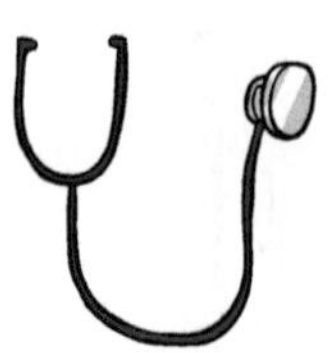

stethoscope

ስተቶስኮፕ

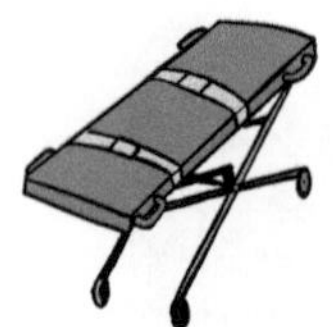

stretcher

መሰከሚ ሕማም

clinical thermometer

ቴርሞመተር

birth

ትውልዲ

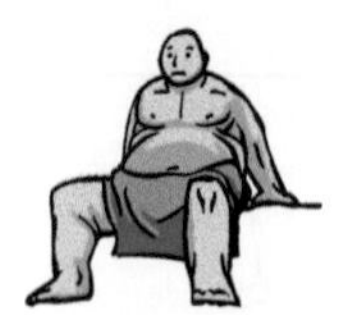

overweight

ልዕለ-ሚዛን

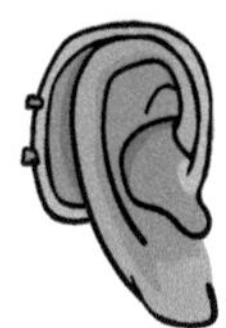

hearing aid

....

ሓገዝ ምስማዕ

disinfectant

....

ኣንጻሂ

infection

....

ልበዳ

virus

....

ቫይረስ

HIV / AIDS

....

ኤድስ

medicine

....

ሕክምና

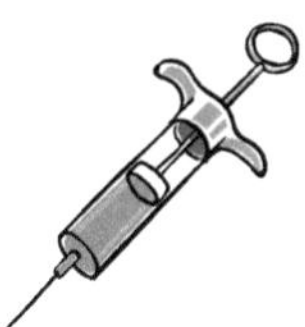

vaccination

....

ክታበ

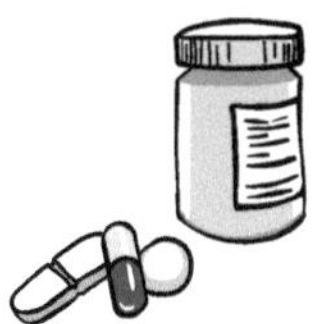

tablets

....

ከኒና

pill

....

ከኒና

emergency call

....

ህጹጽ ምድዋል

blood pressure monitor

....

መዕቀኒ ጸቕጢ ደም

ill / healthy

....

ሕሙም / ጥዑይ

emergency

ህጹጽ ኩነት

Help!

ሓገዝ

alarm

ኣላርም

assault

ምህጃም

attack

መጥቃዕቲ

danger

ድንገት

emergency exit

ህጹጽ መውጽኢ

Fire!

ሓዊ!

fire extinguisher

መጥፍኢ ሓዊ

accident

ሓደጋ

first-aid kit

ሳንጣ ቀዳማይ ረድኤት

SOS

SOS

police

ፖሊስ

Europe
ኤውሮጳ

North America
ሰሜን ኣመሪካ

South America
ደቡብ ኣመሪካ

Africa
ኣፍሪቃ

Asia
ኤስያ

Australia
ኣውስትራልያ

Atlantic
ኣትላንቲክ

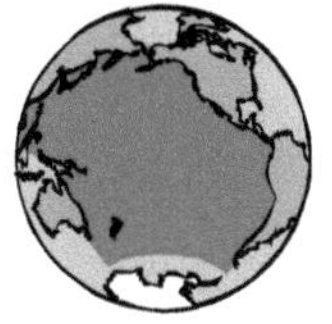

Pacific
ፓሲፊክ

Indian Ocean
ህንዳዊ ዉቕያኖስ

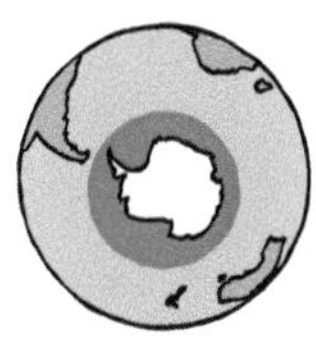

Antarctic Ocean
ኣንታርቲካዊ ዉቕያኖስ

Arctic Ocean
ኣርክቲካዊ ዉቕያኖስ

North pole
ሰሜናዊ ዋልታ

South pole

ደቡባዊ ዋልታ

Antarctica

ኣንታርቲካ

earth

ምድሪ

land

መሬት

sea

ባሕሪ

island

ደሴት

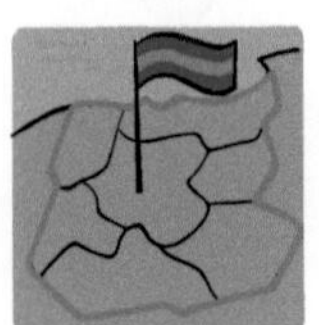

nation

ሃገር

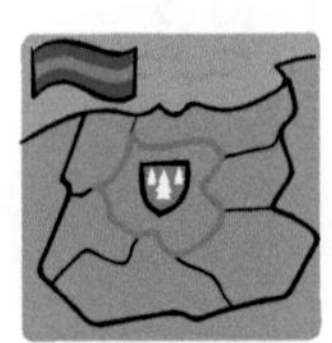

state

ዓዲ

clock

ሰዓት

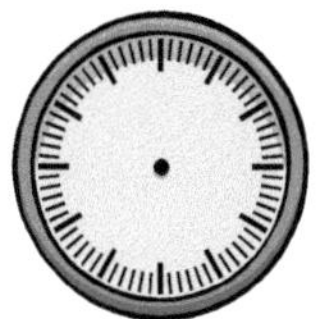

clock face

ገጽ ሰዓት

hour hand

ኣመልካቲ ሰዓታት

minute hand

ኣመልካቲ ደቓይቕ

second hand

ኣመልካቲ ካልኢት

What time is it?

ሰዓት ክንደይ ኣሎ?

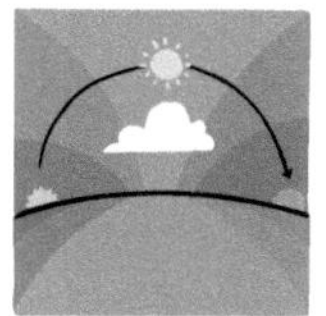

day

መዓልቲ

time

ግዜ

now

ሕጂ

digital watch

ዲጂታል ሰዓት

minute

ደቒቕ

hour

ሰዓት

week

ሰሙን

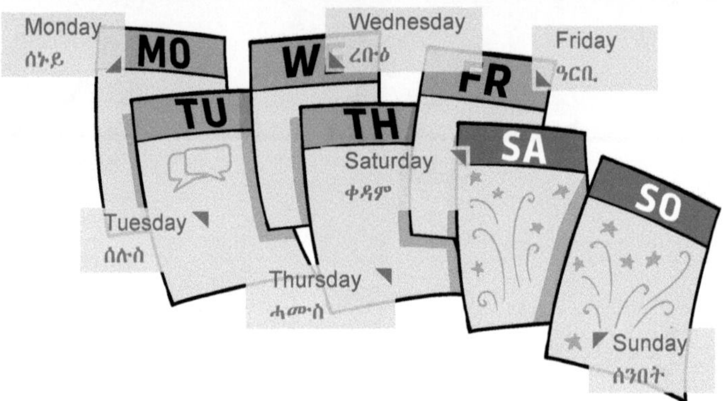

yesterday

ትማሊ

today

ሎሚ

tomorrow

ጽባሕ

morning

ንግሆ

noon

ቀትሪ

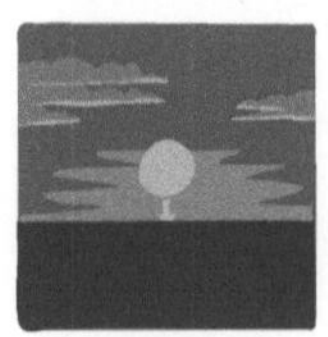

evening

ምሸት

MO	TU	WE	TH	FR	SA	SU
1	2	3	4	5	6	7
8	9	10	11	12	13	14
15	16	17	18	19	20	21
22	23	24	25	26	27	28
29	30	31	1	2	3	4

workdays

መዓልታት ስራሕ

MO	TU	WE	TH	FR	SA	SU
1	2	3	4	5	6	7
8	9	10	11	12	13	14
15	16	17	18	19	20	21
22	23	24	25	26	27	28
29	30	31	1	2	3	4

weekend

መወዳእታ ሰሙን

year

ዓመት

rain
ዝናብ
spring
ጽድያ
summer
ሓጋይ
wind
ንፋስ
fall
ቀውዒ
snow
በረድ
winter
ክረምቲ

4.APRIL 11°
5.APRIL 4°
6.APRIL 13°
7.APRIL 8°
8.APRIL 10°

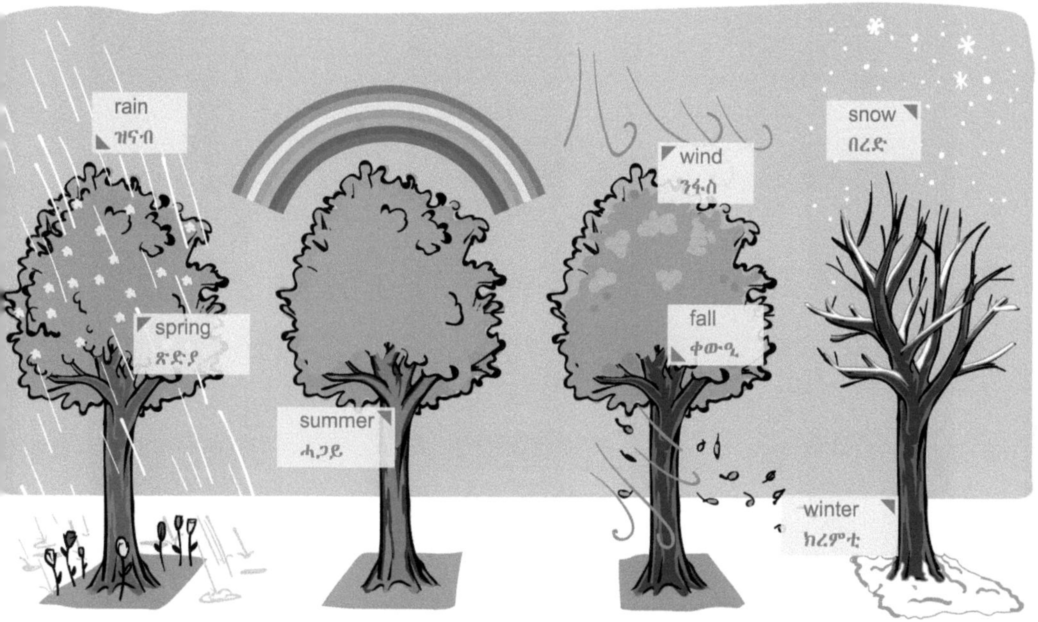

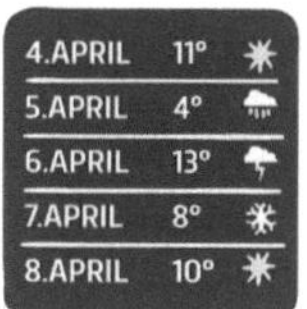

weather forecast

ትንቢት ኩነታት ኣየር

F C
120 90 60 30 0 -30
40 30 20 10 0 -10 -20

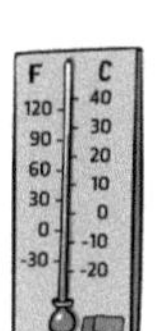

thermometer

ቴርሞመተር

sunshine

ብርሃን ጸሓይ

cloud

ደበና

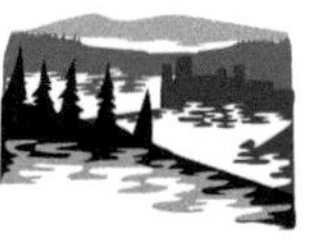

fog

ግመ

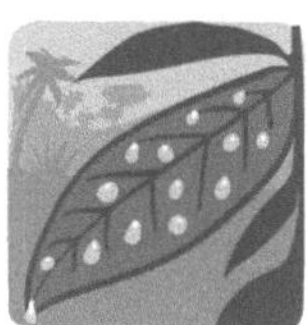

humidity

ጠሊ

lightning

ብርቂ

thunder

ነጐዳ

storm

ህቦብላ

hail

በረድ

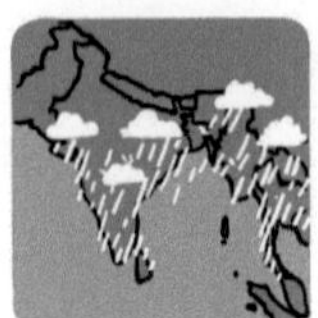

monsoon

ብርቱዕ ህቦብላ

flood

ውሕጅ

ice

በረድ

January

ጥሪ

February

ለካቲት

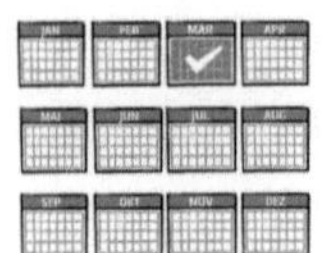

March

መጋቢት

April

ሚያዝያ

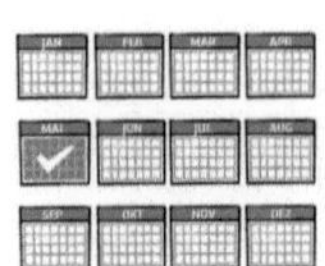

May

ግንቦት

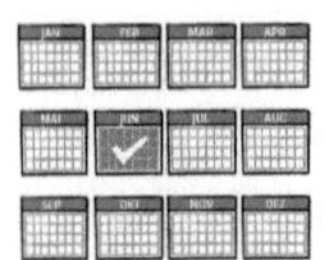

June

ሰነ

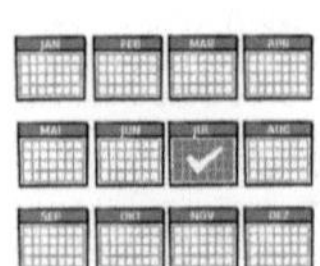

July

ሓምለ

August

ነሓሰ

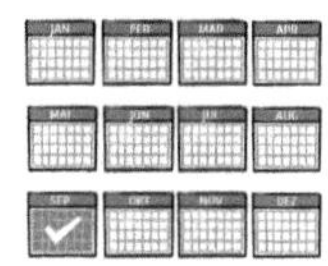

September

መስከረም

October

ጥቅምቲ

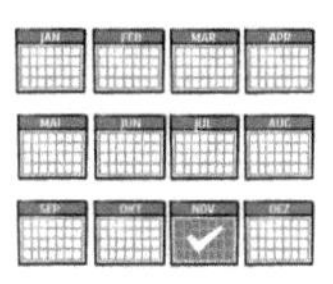

November

ሕዳር

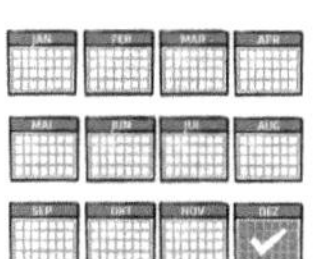

December

ታሕሳስ

shapes

ቅርጽታት

circle

ዙርያ

square

ትርብዒት

rectangle

ቅኑዕ ርቡዕ ኩርናዕ

triangle

ስሉስ ኩርናዕ

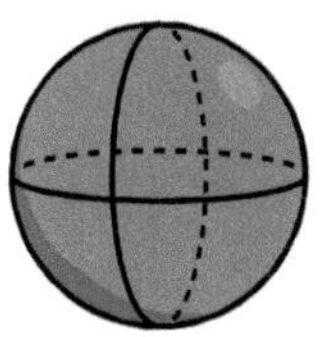

sphere

ክቢ

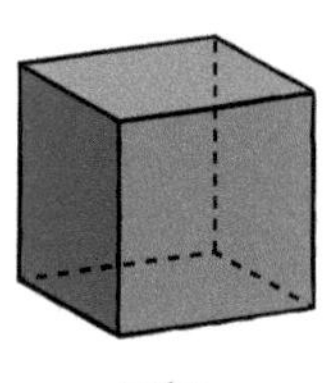

cube

ኩቦ

colors

ሕብርታት

white

ጻዕዳ

yellow

ብጫ

orange

ኣራንሺ

pink

ፒንክ

red

ቀይሕ

purple

ጁኽ

blue

ሰማያዊ

green

ቀጠልያ

brown

ቡናዊ

gray

ሓሙኽሽታይ

black

ጸሊም

a lot / a little

ብዙሕ / ውሑድ

angry / calm

ሕሩቕ / ሰላማዊ

beautiful / ugly

ጽቡቕ / ክፉእ

beginning / end

መጀመርያ / መወዳእታ

big / small

ዓቢ / ንእሽቶ

bright / dark

ብሩህ / ጸልማት

brother / sister

ሓው / ሓፍቲ

clean / dirty

ጽሩይ / ርሳሕ

complete / incomplete

ምሉእ / ዘይምሉእ

day / night

መዓልቲ / ለይቲ

dead / alive

ሙዉት / ህልው

wide / narrow

ሰፊሕ / ጸቢብ

edible / inedible

ደስ ዘበል / ደስ ዘይብል

evil / kind

እኩይ / ህያዋይ

excited / bored

ርቡጽ / ስልኩይ

fat / thin

ረጊድ / ቀጢን

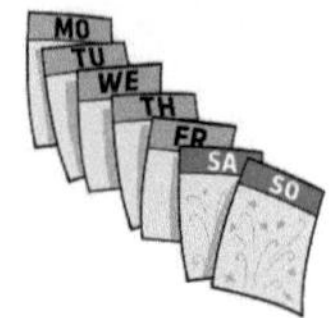

first / last

ቀዳማይ / ናይ መወዳእታ

friend / enemy

ዓርኪ / ጸላኢ

full / empty

ምሉእ / ባዶ

hard / soft

ተሪር / ልስሉስ

heavy / light

ከቢድ / ፈኩስ

hunger / thirst

ጥምየት / ጽምየት

ill / healthy

ሕሙም / ጥዑይ

illegal / legal

ዘይሕጋዊ / ሕጋዊ

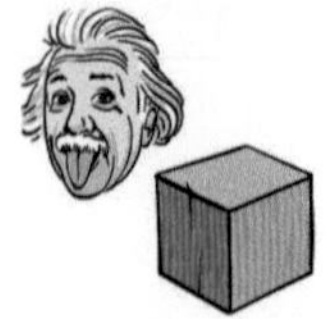

intelligent / stupid

መስተውዓሊ / ስዲ

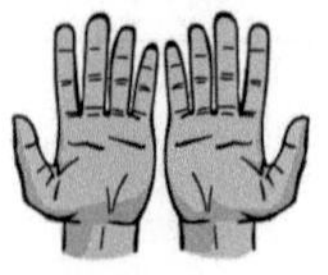

left / right

ጸጋም / የማን

near / far

ቐረባ / ርሑቕ

new / used

....

ሓዲሽ / ብሉይ

nothing / something

....

ዋላ ሓደ / ገለ

old / young

....

ዓቢ/ኣረጊት / መንእሰይ

on / off

....

ወልዕ / ኣጥፍእ

open / closed

....

ክፉት / ዕጹው

quiet / loud

....

ህዱእ / ዓው

rich / poor

....

ሃብታም / ድኻ

right / wrong

....

ቅኑዕ / ግጉይ

rough / smooth

....

ሓርፋፍ / ልሙጽ

sad / happy

....

ጉሁይ / ሕጉስ

short / long

....

ሓጺር / ነዊሕ

slow / fast

....

ቀስ / ቅልጡፍ

wet / dry

....

ጥሉል / ንቑጽ

warm / cool

....

ምዉቕ / ዝሑል

war / peace

....

ውግእ / ሰላም

numbers
ቁጽርታት

0

zero

ዜሮ

1

one

ሓደ

2

two

ክልተ

3

three

ሰለስተ

4

four

ኣርባዕተ

5

five

ሓሙሽተ

6

six

ሽዱሽተ

7

seven

ሸውዓተ

8

eight

ሸሞንተ

9

nine

ትሽዓተ

10

ten

ዓሰርተ

11

eleven

ዓሰርተ ሓደ

12

twelve

ዓሰርተ ክልተ

13

thirteen

ዓሰርተ ሰለስተ

14

fourteen

ዓሰርተ ኣርባዕተ

15

fifteen

ዓሰርተ ሓሙሽተ

16

sixteen

ዓሰርተ ሽዱሽተ

17

seventeen

ዓሰርተ ሸውዓተ

18

eighteen

ዓሰርተ ሸሞንተ

19

nineteen

ዓሰርተ ትሽዓተ

20

twenty

ዕስራ

100

hundred

ሚእቲ

1.000

thousand

ሽሕ

1.000.000

million

ሚልዮን

languages

ቋንቋታት

English

እንግሊዝኛ

American English

ኣመሪካዊ እንግሊዛዊ

Chinese Mandarin

ቻይናዊ ማንዳሪን

Hindi

ሂንዳዊ

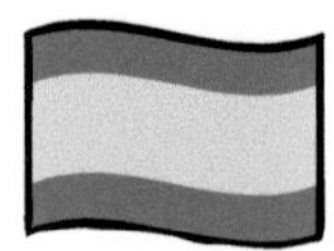

Spanish

እስጳኛዊ

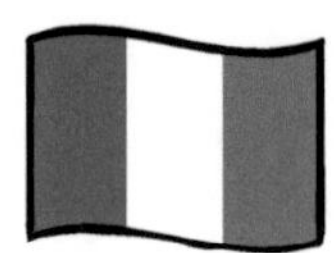

French

ፈረንሳዊ

Arabic

ዓረባዊ

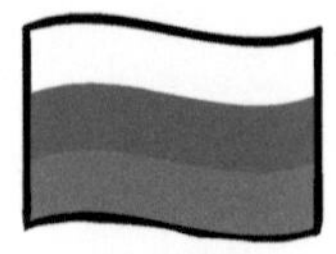

Russian

ሩሲያዊ

Portuguese

ፖርቱጋላዊ

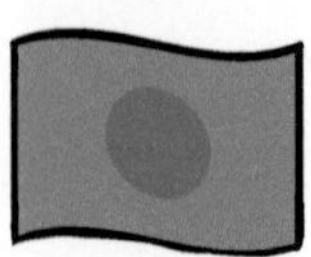

Bengali

በንጋሊ

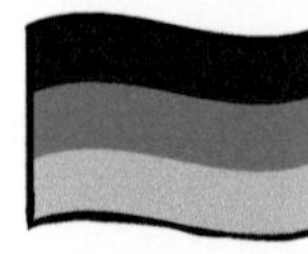

German

ጀርመናዊ

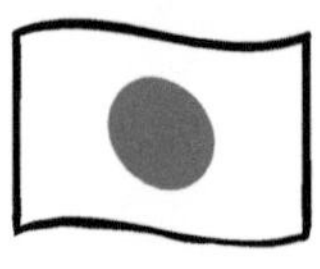

Japanese

ጃፓናዊ

who / what / how

መን / እንታይ / ከመይ

I

....

ኣነ

you

....

ንስኻ/ኺ

he / she / it

....

ንሱ / ንሳ / ንሱ

we

....

ንሕና

you

....

ንስኻ

they

....

ንሳቶም

who?

....

መን?

what?

....

እንታይ?

how?

....

ከመይ?

where?

....

ኣበይ?

when?

....

መዓስ?

name

....

ሽም

where

ኣበይ

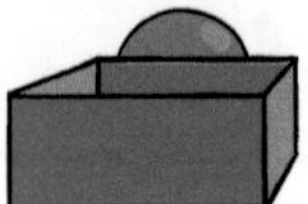

behind

ድሕሪ

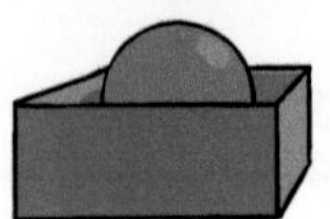

in

ኣብ

in front of

ኣብ ቅድሚ

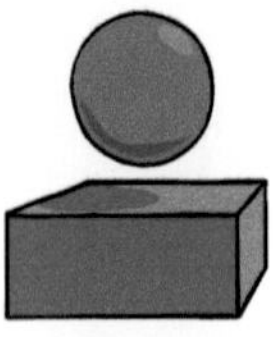

over

ኣብ ላዕሊ

on

ኣብ ልዕሊ

under

ትሕቲ ምድሪ

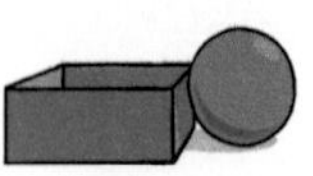

beside

ኣብ ጥቓ

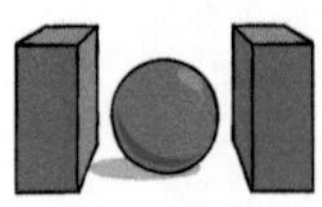

between

ኣብ መንጎ

place

ቦታ